Petite & GRANDE™

La reine Elisabeth II

Maria Isabel Sánchez Vegara

Illustrations de Melissa Lee Johnson

Kimane

Il était une fois une fillette qui avait un grand sens du devoir. Sa famille l'appelait Lilibet mais, dans les livres d'histoire, elle n'était autre que la princesse Élisabeth Alexandra Mary, petite-fille du roi George V, qui gouvernait le Royaume-Uni.

Élisabeth adorait les animaux et rêvait de vivre à la campagne. Mais un jour, un événement fit sensation en Grande-Bretagne : l'oncle de la fillette renonçait à la couronne, faisant de son père le nouveau roi d'Angleterre et d'Élisabeth la future héritière.

La famille d'Élisabeth emménagea au palais de Buckingham, et la fillette de dix ans découvrit son nouveau programme : apprendre à devenir reine. Sa première leçon, la plus élémentaire, était qu'une bonne souveraine sert son peuple et non le contraire.

Trois ans plus tard, la Grande-Bretagne dut entrer en guerre. Mais même face aux bombardements et à la terreur planétaire, Élisabeth gardait l'espoir que des jours meilleurs viendraient et envoya un message à tous les enfants pour les rassurer.

À 19 ans, tout juste formée comme conductrice dans l'armée, la princesse apprit avec soulagement la fin de la guerre. Après avoir salué la foule depuis le balcon de son palais, elle se joignit secrètement avec sa sœur à la liesse populaire.

PAIX
PAIX

Après les horreurs de la guerre, l'espoir revint enfin.
Élisabeth tomba amoureuse de Philippe, son prince charmant.
Pour réaliser sa robe de mariée, cousue par 350 petites mains,
elle demanda qu'on utilise ses coupons de rationnement.

Mais le bonheur de la jeune Élisabeth fut de courte durée, car le père adoré de la princesse mourut peu de temps après. Elle devint alors la reine d'un royaume à la puissance inouïe, qui s'étendait de l'Angleterre à l'Afrique du Sud et aux Fidji.

Mais être une reine n'avait rien d'un conte de fées.
C'était un travail à plein temps, avec de nombreuses obligations.

La tâche était épuisante : recevoir de célèbres invités, ainsi que le premier ministre chaque semaine au palais, présider aux cérémonies, s’adresser à la nation…

Pourtant, être reine offrit à Élisabeth la chance de prendre part à des événements extraordinaires qui ont marqué l'histoire.

Elle a aussi rencontré des personnalités d'exception
qui ont changé le monde chacune à leur façon.

Consciente que le monde changeait considérablement, Élisabeth fit évoluer les traditions avec leur temps. Désormais, elle se mêlait à la foule pour saluer ses sujets et filles et garçons pouvaient hériter du trône à égalité.

Élisabeth voyagea tant qu'elle traversa les mers plus de 250 fois, et reçut du monde entier les cadeaux les plus originaux qui soient, comme des bottes de cow-boy ou un éléphant nommé Jumbo. Mais elle aimait surtout passer l'été à Balmoral, son château.

Élisabeth était désormais à la tête d'une très grande famille et elle vivait avec une trentaine de chiens de race corgi. Ce sont les cuisiniers du palais qui régalaient leurs papilles. Tels étaient les secrets de la reine pour un règne épanoui !

Après un règne record long de soixante-dix ans,
la petite Lilibet devint la reine la plus admirée au monde.
Devenir souveraine n'était peut-être pas son rêve d'enfant,
mais elle sut s'attirer de tous respect et affection profonde.

ÉLISABETH II

(née en 1926 - morte en 2022)

vers 1929

1945

Élisabeth Alexandra Mary Windsor II naquit le 21 avril 1926 à Mayfair, à Londres. Baptisée du prénom de sa mère, Élisabeth était troisième dans l'ordre de succession au trône britannique et n'était pas destinée à devenir reine. Surnommée Lilibet, elle aimait monter à cheval avec sa jeune sœur, Margaret. L'oncle d'Élisabeth, Édouard VIII, abdiqua le 11 décembre 1936 et son père, George VI, devint roi, faisant d'Élisabeth l'héritière naturelle du trône. En 1940, durant la Seconde Guerre mondiale, Élisabeth, alors âgée de 14 ans, prononça sa première allocution radiophonique durant une émission de la BBC destinée aux enfants. À la fin de la guerre en 1945, Élisabeth était bénévole à l'ATS, la branche féminine de l'armée britannique, où elle était conductrice et mécanicienne. À 21 ans, le 20 novembre 1947, elle épousa le prince Philippe de Grèce et du Danemark à Westminster.

1982

2021

À la mort de son père bien-aimé, elle fut couronnée Reine du Royaume-Uni et du Commonwealth le 2 juin 1953, endossant toutes les responsabilités qui en découlaient. Au cours de son long règne, la reine Élisabeth visita 110 pays sur pas moins de six continents. Elle assista à la nomination de 15 premiers ministres, 13 présidents américains et bien d'autres dirigeants de par le monde. Avec le prince Philippe, elle eut quatre enfants, de nombreux petits-enfants et... beaucoup de corgis ! Son règne étant le plus long de l'histoire de la couronne britannique, Élisabeth nous a laissé un incroyable héritage. Elle fut notamment à l'origine de traditions novatrices, comme son allocution télévisée de Noël. Très appréciée au Royaume-Uni et partout dans le monde, la reine Élisabeth sera pour toujours respectée pour son dévouement envers le peuple.

Coco Chanel
Marie Curie
Dian Fossey
Anne Frank
Rosa Parks
Mère Teresa
Frida Kahlo
Simone de Beauvoir
Maria Montessori
Agatha Christie
Joséphine Baker
Ada Lovelace
Wilma Rudolph
Zaha Hadid
Louise Bourgeois
Billie Jean King
Malala Yousafzai
Emmeline Pankhurst
La reine Elisabeth II
Helen Keller
GRETA THUNBERG
GRÈVE DE L'ÉCOLE POUR LE CLIMAT
Amelia Earhart
Michelle Obama
Ruth Bader Ginsburg
Hedy Lamarr
Aretha Franklin
Harriet Tubman
Taylor Swift
Sally Ride
Yayoi Kusama

Petit&GRANDE
Mary Anning
KATHERINE JOHNSON
Jane Goodall
Stephen Hawking
Martin Luther King
David Bowie
Mahatma Gandhi
Albert Einstein
Nelson Mandela
Neil Armstrong
Rudolf Noureev
Jesse Owens
Louis Pasteur
Alan Turing
TERRY FOX
Michael Jordan
Harry Houdini
Vincent van Gogh
Tenzing Norgay
Hans Christian Andersen
Yves Saint Laurent
LEO MESSI
50 destins incroyables
MON LIVRE D'ACTIVITÉS
AVEC PLUS DE 100 AUTOCOLLANTS
Devine qui je suis !
Marie Curie
Malala Yousafzai
Louis Pasteur
UN JEU DE DÉDUCTION
MON JEU DE BINGO
pour Petits & Grands
Pelé
Harriet Tubman
Vincent van Gogh
UN JEU DE HASARD POUR APPRENDRE EN S'AMUSANT !
Mon memory
JOUE AVEC 20 FEMMES INCROYABLES

Petite &GRANDE™

72, rue Marguerite de Rochechouart – 75009 Paris

Concept original de la collection par Maria Isabel Sánchez Vegara,
publiée par Alba Editorial, s.l.u.
Livre publié sous licence de Frances Lincoln Children's Books,
une marque du groupe Quarto,
1 Triptych Place, Londres SE1 9SH, Royaume-Uni
Tél. : +44 (0) 20 7700 6700
www.quarto.com

Adaptation française : InTexte
Création graphique : Sasha Moxon et Lyli Feng

ISBN : 978-2-38322-127-2
ISSN : 2647-4476
Dépôt légal : 1er semestre 2023
Fabriqué à Shanghai, Chine CC202601
Achevé d'imprimé en mars 2026
*Conforme à la Loi n° 49-956 du 16 juillet 1949 sur les publications destinées
à la jeunesse, modifiée par la Loi n° 2011-525 du 17 mai 2011.*

FSC www.fsc.org
MIXTE
Papier | Pour une gestion forestière responsable
FSC® C008047

Crédits photographiques (pages 28-29, de gauche à droite)

1. Un sourire royal. Son Altesse Royale la princesse Élisabeth, vers 1929. La future reine Élisabeth II (née en 1926) âgée d'environ trois ans. [Raphael Tuck & Sons Ltd., Londres, vers 1929]. Artiste Marcus Adams. © Print Collector *via* Getty Images.
2. Princesse Élisabeth conduisant une ambulance durant la guerre pour l'ATS (Auxiliary Territorial Service), le 10 avril 1945. © Popperfoto *via* Getty Images.
3. Manchester, 4 mai : la reine Élisabeth II prend un bain de foule le 4 mai 1982 à Albert Square, Manchester. © David Levenson *via* Getty Images.
4. La reine Élisabeth de Grande-Bretagne visite l'Institut du changement climatique à l'université d'Édimbourg, dans le cadre de son traditionnel voyage en Écosse pour l'Holyrood Week, en Grande-Bretagne le 1er juillet 2021. Jane Barlow/Pool. © REUTERS *via* Alamy Images.